AF508944

EL MUNDO DE NADIA

Elixabete Sánchez Lorenzo

EL MUNDO DE NADIA

EDITORIAL
Letra Minúscula

Primera edición: diciembre de 2023
ISBN: 978-84-10177-18-5
Copyright © 2023 Elixabete Sánchez Lorenzo
Editado por Editorial Letra Minúscula
www.letraminuscula.com
contacto@letraminuscula.com

Cuando yo tenía cinco años, mi madre me decía que la felicidad era la clave de la vida. Cuando fui a la escuela me preguntaron qué quería ser cuando yo fuera mayor. Yo respondí: feliz. Me dijeron que yo no había entendido la pregunta y yo les respondí: ustedes no entienden la vida.

John Lennon

No luchar por lo que se quiere solo tiene un nombre, y se llama perder.

Canción de Beret

ÍNDICE

PRÓLOGO

Hace muchos años que conozco a Eli de vista, ya que vivimos en el mismo pueblo, pero nunca había hablado con ella. Por circunstancias de la vida que no tienen nada que ver con lo que nos ocupa, el año pasado empecé a tratar con ella de forma asidua, y poco a poco descubrí a la gran persona que es.

Yo desconocía su diagnóstico de TEA y fue ella la que con total naturalidad me lo contó. Para mí eso no cambiaba nada, porque creo firmemente en el derecho a la diferencia, pero sí que ha generado en mí una gran admiración por su capacidad de lucha, por su constancia en la consecución de sus objetivos, por su sensibilidad y por sus ganas de aprender y de superarse.

Cuando me comentó que tenía un pequeño relato de sus vivencias y que su gran ilusión sería poder darle forma y publicarlo para dar visibilidad al TEA, me pareció realmente estupendo.

Conocer de primera mano lo que, quienes nos creemos normales, podemos hacer sentir a alguien que es diferente a nosotros o que actúa de forma diferente a como nosotros creemos, como si tuviésemos el don del saber y del buen hacer, me parecía como mínimo una gran oportunidad de aprender. Pensé que el proyecto de Eli era un sueño perfectamente realizable y un proyecto fantástico.

He sido testigo directo de la evolución de ese relato hasta llegar a estas páginas que publica ahora, y el trabajo y la ilusión que Eli ha puesto en ellas son dignos de admiración. Creo sinceramente que cumple con una labor importante de divulgación sencilla, clara y sincera. Sin adornos que disimulen la realidad.

Es cierto que cada caso de TEA es único y diferente, y por ello Eli no pretende ser ejemplo de nada ni enseñar a nadie, solo pretende mostrar su realidad y aportar su granito de arena a la comprensión del TEA.

Leer estas páginas ha sido un placer porque no es solo lo que en ellas escribe la autora sino lo que ha tenido que pelear con sus inseguridades y sus miedos para lograrlo.

Con estas páginas Eli nos invita a conocer un poco lo que es el TEA y a reflexionar sobre nuestro comportamiento ante lo que no entendemos. ¡Aceptemos la invitación!

INTRODUCCIÓN

Este libro cuenta la historia real de una persona a la que le diagnosticaron TEA (Trastorno del Espectro Autista) a los 15 años.

La protagonista, Nadia, y la autora son la misma persona, es decir, se trata de un relato contado en primera persona, aunque con nombre ficticio.

La razón principal por la que me decidí a escribirlo fue la necesidad de contar cómo me sentí antes y después del diagnóstico, qué dificultades he encontrado en mi día a día desde la infancia hasta ahora y qué cosas he echado en falta o hubiese necesitado para sentirme mejor.

Al contarlo, espero dar visibilidad a las personas con TEA y poder ayudar a que la gente nos vea de otra forma, a que nos entienda.

Además, por mi experiencia, espero transmitir no solo las dificultades de vivir con TEA, sino también un testimonio positivo de capacidad de aprendizaje y de superación.

Mandar un mensaje de esperanza a las familias en las que hay algún miembro con TEA y una petición a la sociedad, a las empresas…: que nos tengan en cuenta, que sepan que somos miembros útiles, sensibles, inteligentes... de esta sociedad.

Que se empeñen en conocernos, entendernos y ayudarnos a crecer.

Me gustaría también agradecer a todas las personas que me han apoyado en este camino y en este proyecto: familia, asociación... Sin ellas nada de esto hubiera sido posible.

EL MUNDO DE NADIA

Mi nombre es Nadia y nací hace 35 años en una familia muy unida. Mi llegada al mundo fue muy esperada y deseada por toda mi familia; al nacer, lo hice con una vuelta de cordón umbilical al cuello, por lo que me costó llorar, pero más tarde lo conseguí. Cuando las matronas me entregaron a mi madre, le dijeron que venía una punki, ya que tenía la cara roja y los pelos de punta.

Yo soy la pequeña de tres hermanas. Cuando mis padres me llevaron por primera vez a casa y me vio mi hermana, la mediana, dijo que no quería verme porque no le gustaba, decía que era muy fea por la rojez de la cara, pero poco a poco se fueron acostumbrando y me querían y me cuidaban un montón. De la época desde que nací hasta los dos años no hay nada especial para recordar. Crecí como cualquier otro/a niño/a, con sus llantos y sus risas y sin sospechas de que algo no iba bien, por lo que este relato continúa a partir de los dos años, edad en la que entré en la guardería de monjas, ya que en esa época no había guarderías públicas en mi pueblo.

El entrar en esta guardería fue muy duro, tanto para mí como para mi madre, entraba y salía llorando todos los días.

Cuando llegaba, siempre me esperaba la misma monja para llevarme a jugar con otros niños/as, pero yo no quería, me quedaba apartada en una esquina. No sé exactamente lo que pasó, ya que los recuerdos de esa edad son difusos y no puedo rememorar con exactitud hechos concretos, pero estoy segura de que emocionalmente lo pasé muy mal, porque incluso actualmente los hábitos de las monjas me dan miedo. Cuando veo una monja, mi cuerpo reacciona físicamente con náuseas en el estómago, con malestar y no sé por qué. En un momento de mi vida, hacia los veintitrés años aproximadamente, quise indagar en este tema y buscar respuestas; para ello, fui a la guardería a hablar con la monja, pero no obtuve respuestas, ya que la monja que me cuidaba en la guardería no estaba y la que me atendió ese día no parecía saber nada de mí. En ese momento sentí que ese episodio tan impactante en mi recuerdo había dejado huella en mí y en mi familia. Tal y como me lo ha contado mi familia, en mi casa, en esa época, yo solo pintaba con pintura negra, y quizás eso tenía un gran significado que no se supo interpretar, quizá era una forma de expresarme, de desahogarme, pero algo quedó grabado en mí que ha hecho que el miedo perdure después.

En cuanto a mi forma de ser en esa época, sé lo que me han contado. Me han dicho que tenía muchas rabietas. En la calle, por ejemplo, si mi madre no me hacía caso o yo no me salía con la mía, me sentaba en el suelo y no me movía, ya que siempre quería ir con mi madre y no con mi padre. En casa me gustaba jugar con las muñecas y coger una alfombra y llevarla a rastras, no sé porqué, y nadie me lo ha sabido explicar, simplemente me gustaba y lo hacía. Parece que tenía bastantes manías y rutinas, pero a pesar de eso yo era una niña feliz, en la calle era una niña alegre sonriente que siempre saludaba y sonreía a todo el mundo, pero cuando me tocó ir a primaria, mis padres me llevaron al mismo colegio donde estaban mis hermanas y en ese momento algo cambió en mí y me volví triste, con la cara apagada. Nadie recuerda un hecho concreto que me llevase a ello, pero todos me comentan que la niña alegre y sonriente dio paso a la niña triste.

Esa época fue muy dura para mí. En los recreos, los compañeros no me trataban bien, me obligaban a guardar sus cosas, me hacían burla, se reían de mí, etc. Y eso me hacía sentir muy mal, ya que no sabía cómo pararlo, no sabía decir que no y me daba mucho miedo toda la situación que se generaba. Además, no entendía nada. ¿Por qué me hacían eso? ¿Qué había hecho yo?

En el aula no participaba en las tareas grupales por miedo a equivocarme y que se rieran de mí, aunque la situación era algo más llevadera que en el patio, porque por lo menos en el aula la profesora frenaba algo esos comportamientos, aunque no desaparecían del todo.

El único alivio de esa época era mi amiga, la única que tenía y que recuerdo con cariño y gratitud, y a quien aún hoy echo de menos. Era una niña de otro país con la que no he podido mantener el contacto cuando se fue, porque a pesar de que le he escrito, no he recibido respuesta, y no sé si le ha llegado alguna de mis cartas, supongo que no.

A lo largo de los años de primaria, mi vida escolar y social transcurría más o menos en la misma tónica. Podría contar mil anécdotas y otras tantas situaciones en las que me he sentido mal, humillada y no entendida.

Haciendo memoria, creo que el detonante fue una situación de simulacro de incendios en el colegio. Recuerdo que cuando sonó la sirena, todos mis compañeros fueron saliendo del aula y yo no fui capaz de moverme de mi sitio, simplemente me escondí debajo de la mesa y no me moví. Creo que esa reacción llamó la atención a mis profesoras y les llevó a ir hilando cosas, a ir entendiendo que mis reacciones, mi no participación, el no comunicarme con mis compañeros, no era cuestión de timidez o de comportamiento, sino que probablemente había algo más que ellos no alcanzaban a ver o entender.

Mis profesoras se pusieron en contacto con mis padres y les sugirieron que me llevaran a la consulta de algún especialista para que me valoraran, me dieran un diagnóstico y me ayudaran a superar la timidez extrema o la falta de habilidades que suponían que tenía.

Mis padres me llevaron a terapia, pero para mí eso fue una mala experiencia. No quería entrar, no quería hablar y el diagnóstico al que llegaron fue el de mutismo selectivo y dependencia de la madre. Años después se demostró que ese diagnóstico era erróneo y llegó el diagnóstico real: TEA. Pero hasta ese momento el camino no fue fácil, parecía que la solución estaba en mis manos o en las de mi madre, cuando eso era totalmente incierto. La incomprensión y la frustración iban en aumento.

Con el paso de los años me he dado cuenta de lo importante que es la educación emocional, es decir, sensibilizar a los niños, enseñarles empatía y respeto, que aprendan a aceptar la diferencia, a valorar al otro aunque no sea igual que ellos. También es muy importante saber decir que no, estar seguro de las propias convicciones y gustos y que tu bienestar no dependa de la aceptación de los demás. Saber conocerte y aceptarte; pero, como ya he dicho antes, eso lo he aprendido con el paso de los años y con bastante sufrimiento y miedo acumulados.

La etapa del instituto fue todavía más difícil para mí. Además de las dificultades derivadas del cambio que supone pasar de primaria a secundaria, se sumaron las dificultades propias de la adolescencia. En esa época sufrí mucho, me sentía frágil y vulnerable, no entendida ni apoyada, nunca sentí la agradable sensación de pertenecer a un grupo, ni la sensación de tener una amiga de verdad. En general, la gente era cruel conmigo, se reían de mí y me apartaban, e incluso alguna persona que se identificaba como «mi amiga» me hacía sentir mal, sobre todo en los recreos, dejándome sola, poniéndome en evidencia y riéndose de mí. No sé si con mala intención o simplemente por falta de empatía o habilidades, pero para mí el día a día en el instituto era un suplicio.

En clase la situación tampoco mejoraba, yo no participaba y los trabajos en grupo eran un sufrimiento para mí, me sentía frágil y no sabía cómo intervenir aunque sintiese el deseo de hacerlo. Mi pensamiento y mi comportamiento no iban de la mano, quería ser parte del grupo, intervenir en las clases, dar mi opinión, pero era incapaz, no encontraba las palabras ni la forma de hacerlo y la vergüenza y el miedo al ridículo, al fracaso y a que se rieran se apoderaba de mí y me inutilizaba por completo socialmente. Así iban transcurriendo los días y aumentando mi malestar.

Yo era una adolescente sin habilidades, pero algunos profesores tampoco hacían que mejorase la situación. De hecho, recuerdo amargamente a un profesor que quizá con la intención de «hacerme espabilar», pero con muy poca empatía y conocimiento del TEA, me obligaba a salir a la pizarra y a pesar de mi evidente bloqueo, que me impedía incluso levantarme; él insistía y me presionaba, lo que originaba más burlas de mis compañeros, ante las que este profesor no hacía nada. Esas clases eran una auténtica tortura. Sentía que no aprendía nada y que toda mi energía la tenía que utilizar para aguantar el bloqueo que me generaba el solo hecho de pensar que, de un momento a otro, me iba a encontrar en evidencia y todos se iban a reír de mí. Yo necesitaba que me entendiesen, que no me presionaran, que supieran guiarme, y lo que encontré fue lo contrario.

En esa época del instituto, mi mayor deseo era ser una más en la vida de las personas, una más en las clases, en un grupo de amigas... Pero a pesar de mi lucha interna constante no lo conseguía, y eso hacía que me sintiera sola. No entendía mi situación. No logré entender por qué una madre fue al instituto a quejarse de mí, argumentando que le generaba estrés y ansiedad a su hija, ya que tenía que estar pendiente de mí. Todo aquello me parecía una locura que no tenía fin.

Las personas con TEA necesitamos apoyo en el sistema educativo. Por ejemplo, para poder aprender y comprender los temarios, también necesitamos que los/as profesores/as nos comprendan, nos ayuden de alguna forma a la hora de estudiar y de organizar los temas, los deberes, etc. Sería interesante que los temarios de los libros de texto estuvieran también en formato de lectura fácil, ya que algunas personas con TEA tienen dificultades de comprensión y necesitan ciertos apoyos. También sería interesante e importante que en las escuelas y en los institutos se dieran charlas de sensibilización a los alumnos/as para que estos/as puedan saber más del tema y puedan empatizar con sus compañeros/as, comprendiendo lo que es el TEA y cómo se siente la persona con ese trastorno. Creo que sería una forma de evitar burlas o meterse con las personas más vulnerables.

Uno de los episodios más difíciles y dolorosos para mí fue el viaje de fin de curso del instituto. Ese viaje que normalmente suele ser la gran ilusión de todos los estudiantes, para mí fue primero un gran reto y después un infierno.

El gran reto era ir de viaje y pasar unos días lejos de casa y sin mi familia, es decir, sin mi mejor apoyo. En ese momento creí y me hicieron creer que no había problemas porque iba con mis «amigas». Desde que montamos en el autobús camino de Salou, empezó mi calvario. Los compañeros se burlaban, me tiraban del pelo, se reían, parecía que se lo estaban pasando muy bien y nadie quería darse cuenta de lo mal que lo estaba pasando yo. No entendía nada: ¿qué veían de divertido en tirarme del pelo?, ¿qué gracia les producía verme sufrir y por qué nadie paró?, ¿por qué no me defendía nadie? Rodeada de todos mis compañeros/as, me sentí la persona más sola del mundo.

Cuando llegamos al hotel, lo que ya me parecía horrible fue a peor. En la habitación, mis compañeros/as se reían de mí, no me dejaban ducharme y así pasé los días que duró nuestra estancia en Salou. Del viaje de vuelta ni siquiera he guardado recuerdos en mi memoria, supongo que lo único que en ese momento me importaba era que cada vez faltaba menos para llegar a casa y para que ese «estupendo» viaje de fin de curso llegase a su fin.

EL DIAGNÓSTICO

Después de tanto sufrimiento y tantas idas y venidas por la consulta de diferentes profesionales, a las 15 años, cuando estaba aún en la enseñanza secundaria, un neurólogo con buen criterio nos dijo que quizá lo que yo tenía era Asperger. En ese momento mi hermana enseguida se acordó de que ella había oído hablar de una asociación en la que diagnosticaban y trataban a personas con ese síndrome y nos animó a mis padres y a mí a que acudiésemos, con el buen criterio de que mejor que allí no nos iban a entender y asesorar en ningún sitio. Desde el día en el que acudí por primera vez hasta hoy, sigo allí y sé que realmente fue el gran acierto de mi vida.

En esta asociación me acogieron bien desde el principio y después de una primera cita con un psiquiatra, de muchas preguntas y de más de un año acudiendo a la consulta de una psicóloga y de una psiquiatra, por fin llegó el diagnóstico de síndrome de Asperger, o lo que actualmente se conoce como TEA (Trastorno del Espectro Autista) que, como su nombre indica, abarca un amplio espectro de personas con características diferentes.

Este diagnóstico supuso un gran alivio tanto para mí como para mi familia, por fin podíamos entender lo que me pasaba y se abría un camino de esperanza.

Mi situación tenía nombre, me explicaban lo que me pasaba y no me trataban de «rara», vergonzosa o persona sin habilidades, como me había sucedido siempre. Sentí que me comprendían y que me podían ayudar y así fue. Estoy muy agradecida a la asociación y a la psicóloga que me acompañó durante años y con la que me sentía apoyada. Ella me daba pautas para poder ir cambiando, aprendiendo a relacionarme; en definitiva, a aceptarme como soy e ir avanzando día a día .Sentía que los días de burlas e incomprensión iban a ser pasado y que el futuro se presentaba prometedor. Ahora sé que el camino recorrido no ha sido fácil, pero ha merecido la pena. Sé también que hay muchos profesionales y que tener un diagnóstico bien hecho es un importante punto de partida para el cambio.

El tema de las AMIGAS también ha sido algo muy complicado. Yo no tenía apenas amigas, pero a veces sí que quedaba con algunas compañeras de clase para salir. Lo malo era que en muchas ocasiones no se presentaban, me dejaban plantada y yo nunca lo entendí. Me comía la cabeza pensando qué era lo que había hecho mal para que no quisieran estar conmigo, me sentía triste y muy vulnerable, creía que todo lo malo que me pasaba era culpa mía. Cuando no me daban plantón, tampoco es que la situación fuese muy buena.

Logré quedar varios fines de semana con una chica a la que yo consideraba mi amiga, quizá por el simple hecho de que accediese a quedar conmigo y no me dejase plantada, pero la verdad es que estar con ella no me hacía bien. Me presionaba para que hablase, para que cambiase mi carácter, como si yo lo hiciese queriendo.

Yo no podía hacer lo que ella me pedía y eso me hacía sentir más pequeña, más inútil y menos comprendida. Además no me atrevía a contárselo a nadie, porque pensaba que decir que me hacía sentir mal era criticar a una amiga y eso me convertía en mala persona.

Con el paso del tiempo la situación no mejoró, y un día, de la noche a la mañana, esta persona desapareció. Dejó de quedar conmigo incluso para el recorrido de ida y vuelta del colegio. Yo no sabía lo que había pasado, pero un día me atreví a preguntar a otra compañera y su respuesta fue como un jarro de agua fría para mí; dijo que simplemente no quería estar conmigo y que se iba con otras personas. Una vez más me quedé sin reacción, pero nadie sabe la tristeza inmensa que sentí en ese momento. Solo me venían preguntas negativas: ¿qué había hecho mal?, ¿tan mala era yo?, ¿qué tenía que haber hecho? La historia se repetía y yo no sabía qué hacer.

Llegar a entender lo que me pasaba ha sido un largo camino y mucho trabajo durante años con la psicóloga de la asociación. Antes de lograrlo me sentía culpable, creía que todo lo malo que pasaba a mi alrededor lo creaba yo. Tenía totalmente grabadas algunas frases como «tú por tu camino y yo por el mío» o «mi hija no puede salir con tu hija porque le está creando «ansiedad». Este tipo de comentarios me hacían sentir mala persona y, sin embargo, yo no sabía hacer otra cosa, no tenía la capacidad de decir cómo me sentía y tampoco la capacidad de cambiar. El trabajo con la psicóloga y el diagnóstico me enseñaron a entender mis pensamientos y a regular alguno de mis comportamientos, pero sobre todo a entender que yo no soy culpable de nada, que la gestión de las emociones de los demás no es responsabilidad mía y que si en algún momento he molestado a alguien, nunca ha sido de manera intencionada y por lo tanto no puedo ser culpable.

Así como recuerdo esas frases con total claridad, los sentimientos que generaban en mí y a las personas que me lo dijeron, también recuerdo con gratitud a las personas que me hicieron sentir bien, como la profesora de lengua, a la que le podía contar cómo me sentía y no me juzgaba, no me reñía y no me exigía lo que no podía dar, simplemente me ayudaba a gestionarlo y en la medida de sus posibilidades frenaba los malos comportamientos de algunos de mis compañeros.

Cuando eres niño te sientes totalmente incomprendido y desprotegido, sobre todo si no hay un diagnóstico, porque en ese caso ni tus padres saben qué hacer y van probando cosas que tú no entiendes. Cuando llega el diagnóstico, las cosas mejoran un poco, por lo menos en casa y con algunos profesionales, pero en la sociedad en general sigue siendo muy difícil porque piensan que somos raros, que no queremos relacionarnos o que nos autoapartamos y en muchas ocasiones sufrimos grandes faltas de respeto. Por eso considero que es muy importante tener un diagnóstico lo más temprano posible, que no se deben dar por «normales» algunos síntomas, ni intentar confundirlos con timidez o rareza. Es importante estar atento, sobre todo con las niñas con las que el diagnóstico estadísticamente es inferior y más difícil de hacer. Además, es muy importante dar visibilidad al TEA, para que la gente sepa lo que es, lo conozca y lo entienda y se pueda llegar a la mayor normalización posible. Todo esto evitaría mucho sufrimiento a las personas con TEA y a sus familias.

He pasado muy malos momentos, pero también tengo que confesar que no todo ha sido malo. Las vacaciones en el pueblo de mi padre las recuerdo como estupendas. Solíamos ir y seguimos yendo actualmente, aunque las cosas han cambiado, todos los veranos y las semanas santas. Allí tenía un grupo de amigas y amigos con los que salía y me divertía.

A veces me venían a buscar y otras veces les buscaba yo, hacíamos muchos planes como ir a la piscina natural, pasear, organizar comidas y meriendas, etc. Me sentía muy bien con ellos, me hacían sentir una más del grupo y, a pesar de que yo no hablaba mucho, nadie me trataba como un bicho raro, ni me hacía sentir diferente, simplemente me aceptaban así y eso me hacía sentir muy bien. Los veranos aquí eran muy bonitos, pero cuando volvía a mi ciudad natal, al lugar donde vivía, todo era volver a empezar, volvía la tristeza, la rabia, etc. Para mí, que llegaran estos veranos era un alivio, una tranquilidad, una paz porque me podía sentir libre para ser como yo era, ya que me trataban como a cualquier otra persona sin perjuicios, sin reírse o burlarse de mí. Yo sentía que eran amigos de verdad, que se interesaban por mí, me protegían, me visitaban si estaba mala... Pero como todo lo bueno, eso también se acabó. Hacia los 14-15 años, como es normal, el grupo empezó a hacerse más grande, conocieron a más gente y quedaban con ellos y en ese momento también contaban conmigo, pero yo ya no me sentía segura y empecé a poner excusas para no salir, pensando que la gente nueva se reiría de mí. No tenía ningún motivo objetivo para pensar así, pero los malos pensamientos son así, se cuelan en tu cabeza sin permiso y te hacen sentir mal y actuar en contra de ti misma. Quizá todo esto sucedió como consecuencia del desprecio que había sufrido con mis amigas del colegio, no lo sé, pero sí sé que el miedo se apoderó de mí y me aparté de esa gente que me hacía tanto bien.

Después de la ESO empecé a hacer un grado medio de informática. En esta etapa las cosas fueron muy diferentes. Ya tenía el diagnóstico de TEA y el apoyo de la asociación, ellos se pusieron en contacto con los profesores del instituto, les explicaron mi diagnóstico y mis circunstancias o características personales y tuve la gran suerte de que lo entendieron perfectamente y además lo transmitieron también al resto de los alumnos. De esta forma, en este instituto la vida fue fácil para mí, me encantaba lo que aprendía y me sentía entendida y apoyada, nadie se reía de mí, ni me molestaba o insultaba y eso hacía que yo pudiera estar tranquila y atendiera a las explicaciones de los profesores, que es lo que hubiese querido hacer durante la ESO, pero no pudo ser. Incluso los recreos eran agradables, ya que hubo una chica que me apoyó muchísimo. Salía con ella y estaba con otros compañeros y aceptaban el hecho de que yo no hablase sin presionarme y sin hacerme sentir mal.

En esa época conocí también a una persona maravillosa, que fue mi pareja durante tres años y a la que estoy muy agradecida porque me entendió y me hizo sentir bien. Siempre respetó mi dificultad para el contacto físico, supo ser paciente, y actualmente seguimos manteniendo contacto telefónico o por mensaje y nos saludamos amablemente si nos vemos.

Al finalizar el grado medio, logré sacar el título de explotación de sistemas informáticos y pude hacer las prácticas en una tienda. Al principio me daba miedo, pero la verdad es que me fue muy bien, trabajé con un equipo pequeño en el que me hicieron sentir como en casa y de los que guardo un maravilloso recuerdo. Esta experiencia del grado medio y de las prácticas me hizo crecer como persona y me enseñó que con esfuerzo y constancia una puede hacer lo que se proponga. También aprendí lo importante que es rodearse de gente buena y respetuosa.

Una vez finalizado el grado medio de informática, y animada por cómo habían ido las prácticas, solicité una plaza en el centro ocupacional de la asociación. En este centro te preparan para el mundo laboral haciendo tareas diversas acorde a los intereses y habilidades de cada persona.

En este centro me sentí cómoda y veía que aprendía cosas y que realmente me preparaban para el mundo laboral, y así fue. Después de unos meses de preparación, conseguí mi primer trabajo como auxiliar administrativa en las oficinas de un centro comercial. Lo hice de la mano de mi preparadora laboral, que es la persona que inicialmente te ayuda en las tareas del puesto a organizarte si lo necesitas, a relacionarte con las compañeras, etc. La ayuda que nos brinda es individual y personalizada, ya que cada persona con TEA es diferente, aunque compartan diagnóstico y la característica principal que es la dificultad para las interacciones sociales.

Cuando empecé a trabajar en esa empresa iba muy nerviosa, con mis miedos de siempre; miedo a que no me comprendiesen mis compañeros y mi jefa, miedo a no hacerlo bien, en fin, miedo a lo nuevo y a lo desconocido. Pero la realidad con la que me encontré fue justo lo contrario, me hicieron sentir muy a gusto tanto la jefa como los compañeros y la preparadora laboral, además el trabajo estaba bien estructurado y eso a mí me da seguridad, aunque no siempre puede ser así y voy aprendiendo a adaptarme.

Al acabarse mi contrato de año y medio, la satisfacción aumentó, ya que me hicieron otro contrato de año y medio más, eso significó mucho para mí porque era una evidencia de que estaban contentos con mi trabajo.

Esos tres años en esa empresa fueron muy gratificantes, además como trabajaba a media jornada, en ese tiempo aproveché, para hacer un curso de páginas web que también me sirvió para relacionarme con más gente y para sentirme cada vez más capaz de seguir en mi crecimiento personal con mi empeño y constancia.

Como muchos contratos laborales, este también se acabó y tuve que volver al centro ocupacional. Este paso fue muy duro para mí, ya que a pesar de estar muy a gusto en este centro, el miedo a no volver a encontrar otro trabajo se apoderó de mí. Además, no volver al trabajo anterior lo viví como una especie de duelo en el que tienes que asumir una pérdida y enfrentarte a ello.

Pero mis ganas de seguir aprendiendo, de seguir relacionándome y de seguir creciendo no desaparecieron, y eso me llevó, durante los siguientes años, a hacer varios cursos, entre ellos uno de auxiliar de comercio que más tarde me resultó de gran utilidad para conseguir un trabajo en una tienda de una cadena de perfumerías. Este trabajo también resultó gratificante, ya que inicialmente hice unas prácticas y después me contrataron para seis meses. La relación con mis compañeros, con mi jefa y con mi preparadora laboral fue muy buena, me comprendían y me apoyaban en todo. La relación con los clientes no siempre fue buena, ya que algunas no comprendían mis dificultades y no tenían la paciencia necesaria, pero en esas situaciones siempre tuve el apoyo de mis compañeras. En este trabajo aprendí a «soltarme» socialmente y me vino muy bien, aunque pasé algunos momentos difíciles que vistos desde la distancia creo que también me ayudaron a mejorar. Asesorar en maquillaje no se me daba muy bien y lo hacía otra compañera, pero por ejemplo la caja, que tanto miedo me daba, resultó ser un buen trabajo para mí y llegué incluso a abrir la caja a primera hora o a cerrarla al finalizar la jornada y cuadrar las cuentas. Lo peor de este trabajo era cuando alguna clienta me hacía dudar con los cambios. Con frases como «mira si me has dado bien» o «¿estás segura?» a una persona con TEA, le haces sentir muy insegura, dudar de lo que has hecho, pero conseguí hacerlo bien y eso supuso un escalón más en el camino de la superación personal.

Después de los seis meses de trabajo en este lugar, volví al centro ocupacional, pero además seguí haciendo todos los cursos que podía porque me daban la oportunidad de conocer gente. Tuve la gran suerte de conocer a una persona que resultó ser una amiga de verdad, de las que te valoran, te comprenden y te dan tu espacio y tu tiempo. Una amiga con la que, a pesar del tiempo transcurrido, sigo manteniendo el contacto y quedo con ella de vez en cuando.

Después de una temporada en el centro ocupacional, el trabajo volvió a llamar a mi puerta. Esta vez se trataba de una tienda de ropa. Aquí logré mi primer contrato indefinido y, lo que es más importante, el reconocimiento de mi valía como persona y como trabajadora, ya que mi superiora siempre me comentaba que todo lo logrado era gracias a mi esfuerzo y a mis ganas de superarme.

En este trabajo estuve cuatro años, ya que por cuestiones económicas la empresa se cerró y por lo tanto todos los trabajadores fuimos al paro. Fueron cuatro años maravillosos en los que aprendí muchísimo como dependienta, pero sobre todo aprendí a relacionarme y a solucionar situaciones, porque aunque el trato con mis compañeros/as y con mis superiores fue maravilloso, con la clientela no siempre fue fácil, porque no todo el mundo conoce y comprende las limitaciones de relación de una persona con TEA, sus miedos y sus inseguridades, y porque a veces tienen poca empatía y poca paciencia. Pero de todo se aprende y poco a poco fui adaptándome y la verdad es que me hacía feliz el día a día en ese trabajo.

Por desgracia para todos, llegó la pandemia y el confinamiento. Lo peor para mí no fue tener que estar en casa, ya que soy muy casera y sé disfrutar de eso, lo peor fue no tener contacto directo con todas esas personas que me hacían tanto bien y perder la seguridad en mi trabajo, además del gran miedo al contagio. Por eso la vuelta al trabajo fue muy dura, no me sentía segura, me daban miedo los clientes, no quería que se acercasen a preguntarme nada. Tuve la gran suerte de que mi jefa era una persona observadora y empática y actuó en consecuencia. Habló con mi preparadora, que se puso manos a la obra y me dio las pautas y el apoyo necesarios para que, poco a poco, volviese a coger confianza en mis habilidades y con la clientela.

Pero la pandemia fue cruel y, como he comentado antes, la empresa tuvo que cerrar.

El cierre fue un gran golpe para mí porque se desmoronaba toda la zona de confort que con tanto esfuerzo había logrado: un contrato indefinido en un trabajo que me gustaba, unos compañeros/as maravillosos, que para mí fueron como mi segunda familia, y una sensación de crecimiento personal y de superación que me empoderaba y me hacía sentir como una más.

Pero acababa una etapa y había que empezar otra. Suelen decir que cuando una puerta se cierra, otras se abren y hay que estar preparado, y la verdad que así fue. Nunca dejé de lado mi preparación y mientras trabajé en la tienda también hice un curso de gestión administrativa de 800 horas de formación con 300 horas de prácticas. El curso lo hice *online* y las prácticas las realicé en la universidad de Deusto, en Bilbao, en el departamento de becas. Esta etapa fue muy gratificante, ya que tanto las compañeras como el jefe me lo pusieron fácil a nivel de relaciones y apoyo, además las pautas de trabajo eran claras y eso siempre produce sensación de seguridad.

Durante este periodo también tuve la oportunidad de dar varias charlas de divulgación del TEA. Para mí fue muy importante, ya que por un lado suponía todo un reto en mi vida y por otro era una gran oportunidad para dar visibilidad a las personas con TEA.

El gran reto era tener que hablar en público, eso me producía una doble sensación de nervios y de satisfacción personal. Me daba miedo no hacerlo bien, no transmitir bien, que a los oyentes no les gustase la charla…, pero las ganas de poder dar visibilidad a un trastorno que afecta a más personas de las que creemos, me dio la valentía suficiente para enfrentarme a mi miedo.

Para preparar y dar estas charlas, en todo momento conté con la ayuda de la asociación, y la verdad es que a pesar de los nervios, me sentí muy satisfecha de poder hacerlo. Supuso una demostración tanto para mí misma como para el resto de personas, de que el TEA no te incapacita, de que con esfuerzo, constancia y apoyo las personas con TEA podemos hacer muchas cosas, podemos ser útiles en la sociedad, sentirnos bien y hacer sentir bien a otros.

Una de las charlas de sensibilización la di en la universidad de Deusto de Bilbao, dirigida a los trabajadores que ahora son mis compañeros de trabajo. Después de varias idas y venidas en diferentes trabajos, por fin he logrado mi sueño y tengo un contrato indefinido para trabajar en el departamento de archivo de esta universidad.

La verdad es que me gusta mucho y, aunque me ha costado coger confianza, cada vez me siento mejor con mis compañeras y mi jefe. Me he sentido acogida desde el principio y me doy cuenta de que me viene muy bien, porque además de ir abriéndome a mis compañeras, también he tenido que aprender a tomar algunas decisiones, que era algo que me preocupaba mucho porque el miedo a equivocarme siempre está presente. Pero me he dado cuenta de que si me equivoco, puedo rectificar y que equivocarse es de humanos. Estoy aprendiendo a relativizar los errores, a no sentirme responsable de todo lo que pasa a mi alrededor.

Tener un trabajo remunerado, unas compañeras que te tratan de igual a igual y unas responsabilidades hacen que me sienta mucho mejor, más segura y más independiente, aunque soy consciente de que todavía me queda mucho por avanzar, pero me siento capaz de hacerlo, poco a poco, como dice el refrán, «sin prisa pero sin pausa».

Pero todo en esta vida no tiene que ser trabajo, también hay tiempo para el ocio y mi tiempo del ocio lo dediqué, entre otras cosas, al gimnasio. Inicialmente me daba mucho miedo apuntarme a alguna actividad del gimnasio, porque una vez más la preocupación por cómo me acogerían me paralizaba. Tenía muchas ganas de hacer *body balance* y *aquagym*, pero no me atrevía, porque son actividades en grupo y siempre volvían los fantasmas del pasado: «no me van a comprender«, «no voy a encajar», etc. Pero la realidad me demostró que esa preocupación y ese miedo previo no valían para nada. La monitora me acogió de maravilla y allanó totalmente el camino de las relaciones con mis compañeras. Ella misma explicó cuál era mi dificultad principal y en alguna ocasión incluso me ofreció el micrófono y me dio la oportunidad de explicar al grupo mis miedos y mis sensaciones. Desde el minuto uno, todo el grupo lo entendió y me aceptaron como una más con mis defectos y con mis virtudes. En este grupo me sentía bien, hacía deporte y me relacionaba con gente diferente dentro y fuera del gimnasio. La pena fue que después de unos años el gimnasio se cerró y esa actividad que tanto me gustaba llegó a su fin, pero sigo manteniendo el contacto con el grupo y de vez en cuando quedamos para tomar algo o para juntarnos a comer. Eso me demuestra que me aceptaron de verdad, porque ahora que no tenemos el vínculo del gimnasio, siguen contando conmigo como amiga y eso me hace muy feliz.

¡Independencia! es una palabra muy importante para mí y ya he comentado que tener un trabajo a jornada completa, con contrato indefinido, me da una independencia económica que es muy importante, pero la realidad diaria es que es muy diferente ser independiente económicamente o ser autónoma para los quehaceres diarios y para los imprevistos que surjan, o sentirse capacitada para vivir sola con todo lo que ello supone, es decir, gestionar las labores de la casa como cocinar, limpiar, planchar, etc., gestionar el tiempo, gestionar todos los gastos de la luz, agua, comunidad..., y lo más difícil para mí, gestionar la soledad y el miedo.

Sé que ese día llegará, de momento estoy con mis padres y me siento muy bien con ellos, estoy acompañada, entendida y segura, pero en algún momento esa zona de confort tendrá que cambiar, soy consciente e intento prepararme para ello, como he dicho antes, sin prisa pero sin pausa. De hecho, en la asociación me animaron a hacer un curso de vida independiente. Al principio me costó muchísimo, no era capaz de entrar al aula, me daba vértigo el solo hecho de pensar en la posibilidad de vivir sola, pero gracias al trabajo de la psicóloga, conseguí hacerlo y me sentí bien, aunque aún no haya logrado independizarme en la «vida real». Pero voy dando pasitos y me he atrevido a cocinar, y la verdad es que algunos platos me salen muy bien y a otros les tengo que dedicar más tiempo para ir mejorando, pero cuento con la ayuda de mi familia.

Familia es otra de las palabras claves en mi vida, siempre son mi punto de partida y de llegada, el lugar donde parece que el resto del mundo pierde importancia y donde están las personas que nunca te van a fallar. Mis padres han sido y son mis grandes pilares en la vida junto con mis hermanas y mis sobrinas. Cuando hablo de mis sobrinas me lleno de orgullo, actualmente tengo dos, una de catorce años y otra de dos, y la verdad es que disfruto mucho de ellas, aunque con la mayor no puedo estar tanto como quisiera porque vive lejos, y solo nos podemos ver en Navidades, Semana Santa, verano o algún otro fin de semana, pero cuando estoy con ella me siento fenomenal. Me dan tranquilidad y apoyo sin condiciones, y una sensación de seguridad para el futuro al saber que siempre van estar ahí, y eso hace que mi miedo a la soledad no me angustie. Con la pequeña me vuelvo otra persona, sin complejos, jugando en el suelo y disfrutando juntas. Verles crecer me da mucha alegría y satisfacción porque veo que crecen sanas y son niñas felices, empáticas y cariñosas que transmiten alegría. Mi familia y especialmente mis sobrinas son mi tesoro.

Aunque ya lo he mencionado al contar algunos episodios de mi vida, creo que tengo que dedicar unas líneas exclusivamente para hablar del miedo al cambio y de la dependencia emocional que las personas como yo sufrimos en nuestro día a día y que son aspectos que nos generan tristeza y mucha ansiedad e incomprensión, porque nuestra estructura de vida y de pensamiento no es igual al del de resto de las personas, y eso hace que suframos más por cosas que parecen simples o banales y que nuestro entorno de amistades, compañeros de trabajo e incluso familiar, no nos comprendan.

En mi vida he tenido que enfrentarme a muchos cambios de trabajo, de compañeros/as, de médico..., y todos ellos han sido para mí un duelo en el que vivía una pérdida que me producía una gran ansiedad y una terrible sensación de inseguridad, ya que lo que hasta ese momento estaba totalmente estructurado en mi cabeza y en mi vida, de repente se rompía y llegaba otra vez la incertidumbre, el no saber qué va a pasar, con qué y con quién tendré que enfrentarme, cómo me sentiré, si me sabrán comprender... Mil dudas y preguntas sin respuesta. Salir de la zona de confort en la que ya estoy adaptada, en la que he conseguido estar bien, produce un terrible vértigo, una ansiedad inexplicable.

Además, cuando una persona me da seguridad y me hace sentir que me comprende y que no me juzga, sin querer, creo un vínculo emocional con ella que no soy capaz de expresar, pero que me parece que puede ser una dependencia emocional, es decir, tengo la sensación de que «necesito» que esa persona forme parte de mi vida para sentirme bien y pienso que si no está, no voy a ser capaz de seguir adelante.

La sensación que me produce no es igual con las amistades o compañeros/as de trabajo que con los profesionales. Es decir, cuando se ha acabado algún trabajo en el que me he encontrado a gusto, la sensación ha sido de tristeza por no volver a estar con las compañeras y de ansiedad y cierto miedo por no saber qué me iba a deparar el futuro, cómo me sentiría en el próximo trabajo y cómo me iba a relacionar con los nuevos compañeros, pero en el caso de las profesionales, el nivel de ansiedad es mayor, con pensamientos negativos recurrentes y con una auténtica sensación de inseguridad que me produce ansiedad.

Recuerdo por ejemplo la gran angustia que me produjo cuando tuve que cambiar de psicóloga en la asociación. Desde que me diagnosticaron el TEA yo siempre había tenido la misma psicóloga y ella era para mí como un punto de seguridad, un lugar al que acudir y una persona que lograba calmarme y me daba una solución. Sin quererlo expresamente y sin demostrarlo abiertamente, porque eso es algo que a las personas con TEA nos cuesta mucho, expresar nuestras emociones y nuestros sentimientos, creé un vínculo emocional muy fuerte. Pero como es lógico, cuando ya era una persona adulta, la asociación consideró, con gran acierto, que lo mejor para mí era que pasara al servicio psicológico para adultos que ofrece la propia asociación. Cuando me lo comunicaron, la sensación que sentí fue como si el suelo que pisaba se abriera bajo mis pies y un terrible abismo me absorbía. Situaciones que parecen simples y normales pueden ser todo un reto para nosotros, y a veces el entorno nos lo pone más difícil, quizá por falta de tiempo, por desconocimiento o por falta de paciencia. Eso es lo que me ha pasado muchas veces cuando he acudido al médico. En muchas ocasiones he tenido la sensación de que no tenía tiempo para explicarme o de que el profesional que tenía enfrente no tenía paciencia o simplemente no comprendía mi dificultad para expresarme con la rapidez y la claridad que él necesita.

Para trabajar nuestra autonomía, es muy importante que seamos capaces de hacer cosas solos, y una de ellas es ir al médico, además esto también es necesario para preservar nuestra intimidad. Pero lo cierto es que no siempre es fácil, a veces es necesario tener que explicar que tenemos TEA y otras veces ni siquiera así conseguimos la paciencia necesaria por parte de nuestro interlocutor.

Pero no todo son dificultades, tengo que destacar que el primer médico de familia que tuve fue una persona muy importante para mí en este proceso, me daba mi tiempo y entendía a la perfección mis limitaciones. Cumplió con creces lo que yo creo que es la labor de un médico de familia, ya que me ofreció que acudiera a él a contarle lo que necesitase, a hablarle de cómo me sentía y de cómo me iba la vida, y así lo hice. Este proceso me ayudó muchísimo a quitar el miedo poco a poco a ir a una consulta yo sola y a dar un pasito más en el camino de la autonomía personal.

Pero cada vez que tengo que ir a un nuevo profesional del ámbito que sea (dentista, logopeda...) es todo un reto, siempre pendiente de si me entenderá, si me sentiré bien, si seré capaz de explicarme y de adaptarme. Es un aprendizaje constante en el que no pueden faltar las ganas de superarse.

No puedo acabar esta breve explicación de mi vida con TEA, sin pararme a hablar un rato sobre algo que he mencionado muchas veces a lo largo de estas páginas: LA ASOCIACIÓN.

Para mí, dar con ella ha sido lo mejor que me ha pasado en la vida. Antes de conocer esta asociación y de tener un diagnóstico, yo pensaba que mi vida no valía para nada, que estaba en el mundo por estar y que no vivía el día a día felizmente. En la asociación he aprendido muchas cosas y sigue siendo un gran apoyo para mí. Cuando llegué, ni siquiera era capaz de hablar y me comunicaba por escrito, en ese momento empecé a asistir a un grupo de habilidades sociales donde conocí a una psicóloga que me ha ayudado mucho a lo largo de los años. Con el tiempo mi capacidad de comunicación oral fue mejorando y cada vez era más capaz de hablar más y con más personas.

En esa época también formé parte de los grupos de tiempo libre y creo que me ayudaron mucho en mi crecimiento personal y en mi autoestima. Algunos fines de semana íbamos a los llamados «respiros», que son salidas de fines de semana en grupos. Creo que son muy enriquecedores, porque te dan la oportunidad de conocer gente pero en un entorno seguro en el que te encuentras protegido y sabes que nadie te va a hacer de menos.

Desde mi experiencia animaría a todas las personas que tengan TEA a que acudan a la asociación. Es el lugar en el que mejor te van a poder asesorar, ya que conocen perfectamente todo lo que supone el Trastorno del Espectro Autista. Allí además de sentirse bien, porque sabe que le comprenden y no le juzgan, le van a ofrecer diferentes servicios y actividades encaminadas a mejorar sus habilidades, a lograr la mayor autonomía posible y en definitiva a vivir plenamente y feliz. En la asociación también apoyan a las familias, les explican todo lo necesario para comprender a sus hijos y para afrontar el futuro y saber acompañarlos.

CONCLUSIONES

Después de darle unas cuantas vueltas a mis pensamientos y a mi vida, he llegado a una serie de conclusiones que me gustaría compartir con todos los posibles lectores de este libro:

1. Cuando nos encontramos ante un obstáculo o una dificultad, hay que sacar todo el valor que podamos e intentar dejarlo atrás.

2. Lo primero que hay que hacer es querer algo y luego luchar por ello. Siempre habrá quien te ayude a lograrlo.

3. Hay que confiar en uno mismo, no dejar que las opiniones de los demás se impongan y nos hagan más pequeños, impidiéndonos hacer lo que queramos.

4. Hay que intentar ser positivo y disfrutar del día a día pensando en el futuro como una oportunidad, no como algo que da miedo y agobia.

5. La paciencia es una virtud, un bien necesario que junto con la tolerancia nos hará la vida más fácil a todos, pero que no siempre aparece en las dosis necesarias.

6. La mejor ayuda que nos puede dar nuestro entorno es escucharnos, dándonos tiempo para expresarnos y para ir cambiando.
7. Si nos dan oportunidades para avanzar, lo podemos hacer. En TEA, como en la sociedad en general, no somos todos iguales, pero sí merecemos todos las mismas oportunidades para que cada uno avance según sus capacidades y su esfuerzo.
8. El miedo paraliza y bloquea, y ese bloqueo no suele interpretarse bien en el entorno.
9. Adelantarse a los acontecimientos y sufrir por lo que puede pasar es sufrir en vano, pero todo es un aprendizaje.
10. Vive y deja vivir. Sé feliz y transmite felicidad.

AGRADECIMIENTOS

Si hay algún apartado que no quiero que falte en este libro es el de los agradecimientos. A lo largo de mi vida ha habido muchos momentos y muchas personas que me han hecho sufrir o pasarlo mal, pero por suerte, también he tenido otras muchas que me han facilitado la vida, acompañándome en los cambios y guiándome en el aprendizaje o simplemente estando ahí sin obligación de hacerlo y sabiendo ser pacientes. A todas ellas les quiero transmitir mi más sincera gratitud.

En primer lugar, y como no puede ser de otra forma, a mi familia y sobre todo a mis padres, que siempre han estado y están ahí, y a mis hermanas y mis sobrinas.

A la asociación que tanto me ha apoyado y guiado, y en particular a mis psicólogas y a las preparadoras laborales. A todos mis compañeros de trabajo y mis jefes, los actuales y los que he tenido anteriormente.

A mis compañeras/os del gimnasio.

A todos los profesionales que han sabido entender, esperar y guiar.

Sin todos ellos siento que no hubiera logrado ser la persona adulta que soy ahora, con ganas de mejorar y de luchar por lo que quiero. Siento que este pequeño libro, que para mí era un gran proyecto y un gran reto, no hubiese sido posible. Por eso: ¡¡Muchas gracias!!

www.ingramcontent.com/pod-product-compliance
Lightning Source LLC
LaVergne TN
LVHW051515170726
843492LV00002B/934